科学家的
顶尖对决

科技的发展

汪承娟　编著

成都时代出版社
CHENGDU TIMES PRESS

关于这本书——

很不一样的科学家故事

一般常见的关于科学家的故事，通常内容只着重在某一位科学家，详细讲述他精彩的一生，以及他对于科学所做出的几项重大贡献。不过纵观整个科学的发展，其实都是通过多位科学家之间的竞争、冲突、沟通、合作或是承袭，让科学研究一步一步地往前迈进，最后才碰撞出深深影响世人的各种发现及发明。

本系列书籍，以科学家的故事作为开端，而故事中的主人公都不止一位，而是两位及以上。从故事中，可以看到科学家们在同一项科学研究中，因为意见不合，产生了冲突与对立；或是彼此相互合作、承先启后，最后碰撞出精彩的科学成果。

科学家的顶尖对决

通过科学故事学习

书中收录了影响科学界的一些重大事件，以故事作为开端，通过这些教科书中看不到的科学故事，了解科学家之间发生的各种有趣故事，并搭配详尽的科学解说，以及知识延伸阅读，不仅可以认识故事中的科学名人，学习他们的研究精神，同时也可以汲取相关的科学知识，了解科学的发展过程。

现今我们看到的丰硕科学成果，都是以前的科学家们辛苦研究，慢慢积累起来的。通过本书，希望能让孩子从前人的科学故事中，奠定科学素养、培养科学头脑，成为科学发展的推进力之一。

小牛顿编辑部

目录

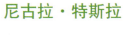

从几何学中诞生的科学

欧几里得 VS 阿基米德

"学数学有什么用呢？除了基本的四则运算之外，为什么还要更多、更难的题目呢？"很多人在学习数学的时候，常会有这样的疑问。

事实上，数学用处可大了。它是解决许多问题的基础工具，天文学、机械工程、医学、经济学等领域都用得到，因此有"数学为科学之母"的说法。

阿基米德是古希腊时代伟大的数学家、天文学家、物理学家和发明家，他的发明包括投石机、螺旋汲水器、起重机等，对后世的影响很大。阿基米德之所以能发明这么多好用的工具，除了擅长思考之外，还有一项秘密武器：希腊数学家欧几里得所写的《几何原本》。

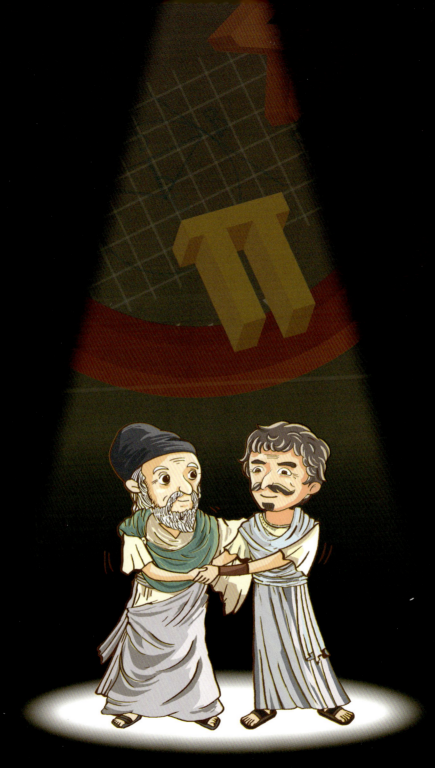

欧几里得　　　阿基米德

数学为科学之母

　　大家都说，数学为科学之母，到底数学与科学有什么样的关系呢？阿基米德洗澡时发现浮力原理的故事大家都很熟悉，不过，他之所以具有这种敏锐的观察力与思考力，都得利于他在数学上的学习。阿基米德的老师的老师，是大名鼎鼎的欧几里得，欧几里得除了在大学教书外，曾经整理了许多思想家（毕达哥拉斯、柏拉图等人）发现的数学理论，写成了《几何原本》一书，这本书是现代数学中

$$c^2 = a^2 + b^2$$

毕达哥拉斯

的几何学理论基础，不但阿基米德学过，直到现代，大多数的人也都学过这些几何学理论。当然，哥白尼、伽利略、牛顿这些大科学家，也都曾经拜读过。这本书不只是谈到数学，也谈到许多科学的逻辑，强调先推理假设，再求证的精神。阿基米德通过这样的学习，利用数学逻辑的推演，解决了许许多多的问题。到底欧几里得如何影响了阿基米德的科学研究呢？

欧几里得的《几何原本》

　　欧几里得是古希腊时代的数学家，在亚历山大大学教数学。欧几里得除了教数学，他的另一项成就就是将古埃及、巴比伦时代流传下来的，400多年来晦涩难懂且毫无系统的几何学概念，整理写成一本有逻辑、有系统的《几何原本》，让大家更容易了解几何学。

　　"几何学"又是什么呢？点、线、面和体积；或是三角形、正方形等各种图形，还有角度与边，这些数学知识，都属于几何学的范围。而这些几何学知识，是人类长久以来，从生活事务的应用与设计中慢慢累积出来的知识。例如，盖房、

搭桥，这些生活问题都与长度测量、形状设计等几何学有关。如果没有几何学，古埃及人根本没办法盖出金字塔。

　　欧基里德编写的这本《几何原本》受到极大的重视，连国王托勒密一世都想学学几何学，国王在学习过程中忍不住问欧几里得："学几何学有没有更简单的方法呢？"欧几里得听了说："学几何学，可不只是学会演算的方法，更重要的是理解求证过程中的逻辑推理。当我们遇见一个问题时，必须先提出假设，接着再通过演算，一步一步地推理求证，直到证明你的假设是对的。"国王气馁地挠挠头，欧几里得对国王说："即使是国王学几何学，也没有捷径！也要一步一步地慢慢学。"

国王托勒密一世

阿基米德用浮力解决金王冠的问题

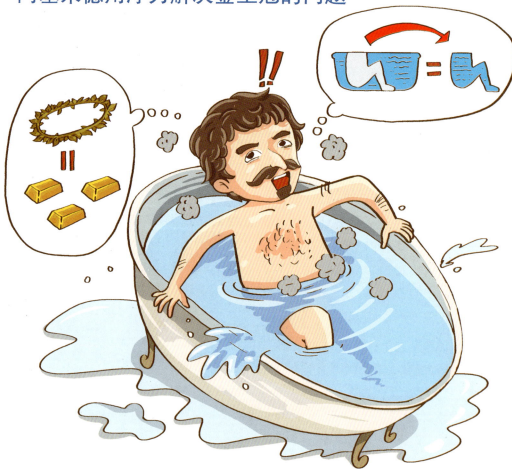

　　阿基米德也是古希腊时代的数学家，出生于公元前 287 年。他跟着老师学习时，也读了欧几里得的《几何原本》这本书，他不但学会了几何学的概念，也建立了系统化的思考逻辑。

　　当阿基米德学成归国后，国王立刻找他帮忙，国王说："有人向我告密，他说工匠在制作王冠时，加入了银，换走了黄金。所以，我想请你查查看金王冠有没有被偷工减料。不过，你绝对不能破坏这个王冠哦！"这个难题让阿基米德伤透脑筋，一直没想出办法。

　　直到有一天，他走进浴缸想泡个舒服的热水澡时，突然发现浴缸的水溢了出来，他身体没入水中越多，水流出越多。他立刻了解，这些溢出来的水的体积刚好等于他泡入水中的体积。阿几米德脑中马上浮现一个假设，如果这个金王冠是国王原本给的黄金做的，而没有掺入银，那么王冠的体积应该和原来的黄金的体积一样，所以，如果我将金王冠泡入水中，再把它所排出的水收集起来，应该就会和同样重量的黄金放入水中所排出来的水的体积相同。阿基米德一想通，立刻跳出浴缸奔向王宫，他边跑边喊："我发现了，我发现了！"。

阿基米德见到国王后，立刻向国王说明他的假设与推论，并且在国王面前，将金王冠与同重量的金块分别沉入两桶水中，再把两者排出的水收集起来测量体积。经过测量后，他们发现金王冠与同重量的黄金，所排出的水的体积不同，这表示工匠偷走了国王的黄金，因此，工匠得到了惩罚；而阿基米德则轻松运用几何学的逻辑推理方式，解决了国王的难题，并且提出"浮力原理"。

阿基米德用杠杆原理打跑罗马军队

  阿基米德非常喜欢研究生活中一些简单的机械，他发现这些机械中的螺旋和力距的设计运用了很多数学概念。他在摸索的过程中，也发现了杠杆原理，因此，他曾说："只要给我一个支点和够长的棍子，我就能撬起整个地球。"因为他根据杠杆原理推论，只要在支点的另一端制造一个很长很长的力臂，就可以用很少很少的力量把地球抬起来。因此阿基米德利用杠杆原理，制造了许多新奇又好用的省力工具，让人们使用。

  后来，罗马帝国入侵阿基米德的国家，为了与罗马帝国的军队作战，阿基米德利用杠杆原理，设计了鹰爪机与投石机对抗罗马军队。没想到效果非常好，鹰爪机可以像起重机一样，把航行在海上的船抓起来，再丢下击碎；投石机可以利用石头丢击，远距离地攻击敌人。所以，罗马军队被阿基米德的发明打得七零八落，不敢再进攻。

罗马大将军没想到阿基米德一个人的发明，就足以抵挡几十万的罗马军人，让这个城市久攻不下，于是，他们改变战术，包围城市，断绝城内粮食。不久之后，罗马人果然攻陷了阿基米德的城市。当军队攻入城内时，阿基米德正专心地研究几何问题，就被罗马士兵杀害了。

不过，一直到现在，阿基米德设计的许多工具和研究提出的浮力原理、杠杆原理，都还影响着现代科学的发展，而他研究不规则物体面积和体积时用到的计算方法，则成为后来数学"微积分"的发展基础呢！

欧几里得（公元前325—前256年）

　　欧几里得是古希腊最重要的数学家之一，被称为"几何学之父"，他所写的《几何原本》被认为是数学界的经典之作，今天我们从小学到大学所学的数学学科中，都有他整理出的定律、理论和公式。《几何原本》囊括了公元前7世纪到公元前4世纪的几何学理论，欧几里得通过系统性整理，将前人的智慧发扬光大，欧几里得在书中提出的几何学的5项公设，成为后来欧洲数学发展的基础。欧几里得的生平数据非常稀少，现存的欧几里得画像也都是后人凭着想象绘制的。

欧几里得的重大贡献

　　整理前人智慧并加入自己的思想，写成《几何原本》，成为数学这门学科的重要基础。

欧几里得的其他贡献

　　欧几里得在《几何原本》中提出的第5个公设千年以来经常受到质疑，直到1820年代，俄罗斯数学家罗巴切夫斯基发现第5公设并非绝对真理，因而发展出了"罗氏几何"，1845年，德国数学家黎曼又开创了"黎曼几何"，这些几何学因为与欧几里得的几何学不同，因此被统称为"非欧几何"。非欧几何为爱因斯坦的相对论提供了数学基础。

最早的《几何原本》残页

阿基米德（公元前287—前212年）

阿基米德是古希腊时代的科学通才，他在数学、物理、天文、机械工程等领域都有许多的发现与发明。阿基米德大约在9岁时被父亲送往亚历山大城念书，当时的亚历山大城是世界文化与知识的中心，阿基米德在这里跟随许多大师学习。阿基米德发现并整理了许多重要的物理学原理，例如浮力原理和杠杆原理，他甚至曾经说过："给我一个支点，我可以撬起整个地球。"数学方面，阿基米德利用欧几里得提出的"逼近法"，推算出圆周率（π）。

阿基米德的重大贡献

● 整理出浮力原理、杠杆原理等物理学原理。

● 计算出圆周率。

阿基米德的其他贡献

有一天，阿基米德在尼罗河旁边散步，看见农民在河边汲水相当费力，阿基米德因而发明了一种省力的汲水工具，只要旋转螺旋形的水管，水管里的水就会往上移动。这个工具后来被叫做"阿基米德螺旋提水器"。这个工具虽然现在已经很少见了，但却是现代螺旋推进器的雏型。

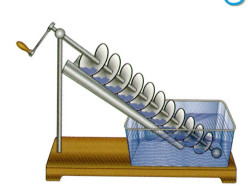

关于 数学家 的其他大小事

地砖的启示——毕达哥拉斯与勾股定理

根据历史记载，希腊数学家毕达哥拉斯是第一个正式建立起"数学"这门学问的人，他最为世人所熟知的贡献，即是他推演出了非常重要的"勾股定理"，而勾股定理的发现可能要归功于铺在地板上的地砖呢！

一天，毕达哥拉斯应邀参加一场餐会，餐会的主人是一位富有的政要，餐厅如豪华宫殿般铺了美丽的正方形大理石砖，但上菜速度却很慢，当其他宾客抱怨连连时，毕达哥拉斯却盯着脚下的地砖仔细观察，看着看着就拿出了笔，帮正方形画上对角线，再以这条线为边画出一个正方形，接着他发现，这个正方形的面积，恰巧与两块地砖的面积相同，接着他又继续计算，发现"直角三角形斜边的平方等于两条直角边的平方和"，这就是著名的勾股定理。

毕达哥拉斯（公元前 570—公元前 495 年）

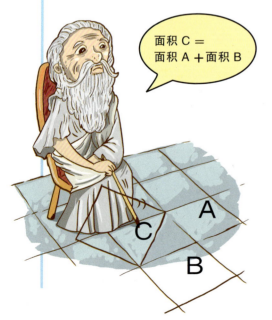

面积 C ＝ 面积 A ＋面积 B

毕达哥拉斯认为女性和男性一样拥有求知的权利，因此他所创立的学院中有十多名女性，这是当时其他学院所不可能发生的事。

数学王子高斯

高斯出生于德国的一个贫穷家庭，他的父亲做过园丁、水泥工和小保险公司的评估师，据说高斯3岁时就能够纠正他父亲的账目问题。高斯最为人所知的故事是他在上小学时，有一天老师出了一道难题，要求从1加到100。班上的同学一个个开始埋头苦算，只有高斯一眼看破这道题的解法，他将头尾相加，变成1+100、2+99、3+98……，如此一来就得到了50个101，因此答案就是50×101=5050，这一年，高斯9岁。数学老师发现高斯拥有不凡的天赋，因此自己掏钱买数学书送给高斯。

卡尔·弗里德里希·高斯 (1777—1855 年)

高斯不只是天才儿童，他长大后在数学领域有许多贡献，他在18岁这年，成功使用一支直尺和圆规画出了正17边形，解开了2千多年来的数学难题。1877年，汉诺威王为高斯订做了一枚奖章，并赋予他"数学王子"的美名。

蛙腿大战催生的电池发明

路易吉·伽伐尼 vs 亚历山德罗·伏打

电池在生活中是一件非常普通、人人习以为常的物品，它的好处是能够促成电子产品的随身携带，而不需要连接长长的电线，具有很高的机动性。电池的发明，得从一条被"电"到抽搐的青蛙腿说起。

路易吉·伽伐尼是18世纪的意大利医学家，在一次解剖青蛙时，他发现死去的青蛙腿竟然产生跳动，他认为这是青蛙体内带电的缘故，并将这种电命名为"生物电"。

意大利物理学家亚历山德罗·伏打继续研究伽伐尼的实验，但是他认为蛙腿的跳动不是由青蛙体内的生物电所引起，而是由解剖蛙腿的金属引起，于是他提出"金属电"的理论，和伽伐尼展开一场"蛙腿"的论战。究竟生物电和金属电谁才是对的？而青蛙腿又是如何催生电池的发明呢？

路易吉·伽伐尼　　　　　　　　亚历山德罗·伏打

生物电与金属电之争

电，是现代人生活里不可缺少的能源，包括电视、计算机、电灯、冷气、冰箱、电扇、电暖炉等设备都要用到电。取得电力的方式大致可以分为两种，一种是用电源线接上插座，通过电网连接发电厂，只要支付电费就能获得源源不绝的电力；另一种方式是在电器上安装电池，电池可以将电力储存在小小的空间里，需要的时候再释放出来，直到电量耗尽为止。你知道电池是怎么被发明出来的吗？

18世纪的意大利人路易吉·伽伐尼是大学里的医学讲师，很喜欢科学研究。有一天他在实验室里解剖青蛙，发现当手上的解剖刀接触到青蛙腿时，蛙腿居然

抽动了一下，这让他相当讶异，经过一再实验，伽伐尼认为自己找到了一种新的电，他称之为"生物电"。

伽伐尼新奇的发现轰动了当时的整个科学界，许多人争相模仿他的实验，用各种生物体代替蛙腿，在实验室中电来电去，其中包括意大利物理学家亚历山德罗·伏打。不过，伏打的实验却导向跟伽伐尼不同的结论，他提出"金属电"的说法，并且为了印证自己的理论，做出了第一代电池。一般认为，电池是伏打的发明，因此称为"伏打电池"，但也有人称为"伽伐尼电池"，这是因为伽伐尼和伏打对电池的发明都做出了重要贡献。

暗室里抽动的青蛙腿

1786年的某一天，在一个昏暗的房间里，50岁的伽伐尼正在进行解剖青蛙的实验，他将一截青蛙腿放在一个金属盘里，然后拿着解剖刀慢慢给蛙腿去皮。他注意到当解剖刀触碰蛙腿神经的时候，原本静止的蛙腿突然抽动了一下，桌上的起电器还迸出火光。

"这是怎么回事，难道这只青蛙没有死透吗？还是电流导致蛙腿抽动呢？"

那个时候电学才刚刚起步，人们只知道闪电和静电两种电，伽伐尼意识到这个现象有着非比寻常的意义。他拿了能储存和释放电荷的莱顿瓶去刺激蛙腿，又在有雷雨的下午，将蛙腿用铜钩挂在户外的铁杆上，发现这两种情况都能使蛙腿剧烈收缩，这证实了是电流导致蛙腿抽搐。

后来，伽伐尼发现不管是晴天还是雨天，只要是金属材质的解剖刀碰触蛙腿神经，都能让青蛙腿产生痉挛，但是如果用石头、木头、玻璃等材质取代金属，蛙腿就不会收缩，他认为这是由于动物的体内存在某种电，当肌肉纤维和神经与金属接触时，就会形成电流通路，使动物体内的电释放出来。他认为蛙腿的抽搐现象，就是青蛙体内的"生物电"造成的。

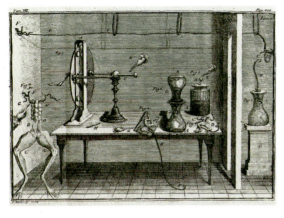

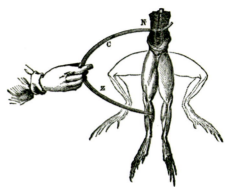

伏打的疑问与实验

伏打是意大利著名的物理学家，当伽伐尼在英国皇家学会发表他的研究时，伏打也在场聆听，对这个议题深感兴趣。回家后，他重复做了好几次伽伐尼的实验，并开始思考：如果动物的身体可以产生电，那么人体应该也可以吧？

伏打想到三十几年前，另一位瑞士科学家苏尔泽也做过类似的实验。于是他模仿苏尔泽的实验，拿一枚金币放在舌头上面，舌下放一枚银币，用导线连接两枚钱币，果然产生了电流，而且让舌头感觉到苦味。但这到底是舌头本身产生的电流，还是钱币产生的电流呢？

为了印证假设，伏打尝试在伽伐尼的实验中，用含盐水的湿抹布取代青蛙腿，发现同样能够产生电！这代表电并不是蛙腿产生的，而是金属接触产生的，蛙腿只是电流的导体。

此外伏打也发现，只有使用两种不同金属的时候，才会产生电，使用两种相同材质的金属就不会产生电。因此他在大众面前，模仿伽伐尼将蛙腿挂在铁杆上的实验，第一次用的是铜钩，第二次则换成铁钩，结果只有使用铜钩时蛙腿产生了抽动，如果金属只是电流的导体，使用相同的金属理应同样导电，原来电流是两种不同金属相互作用产生的！

如果把铜钩换成铁钩，蛙腿就不会动了！

伏打堆，世界第一颗电池

伏打也发现，用铜和锌这两种金属产生的电流非常稳定，于是他用盐水取代生物体和口水作为导体，在铜片上铺一片吸饱盐水的布，再叠上锌片，一层一层地套叠起来，这就是世界的第一颗电池——伏打堆。

在伏打堆问世之前，人们使用一种叫做莱顿瓶的装置储存静电。莱顿瓶是荷兰科学家穆森布罗克在1745年发明的，由一个内外包覆导电金属箔，上端接一个球型电极的玻璃瓶构成，莱顿瓶只能存电，却不能发电，电荷一下子就用完了。伏打堆可不一样！它能产生持续而稳定的电流，这是人类第一次真正拥有"发电"的能力，从此电学研究往前迈进了一大步。为了纪念伏打的贡献，除了电池外，电动势单位"伏特"也是用他的名字命名的。

但是伏打制造的电池是湿电池，既危险又不方便，后来的科学家继续改善，把液体改成糊状的黏稠物，装在锌容器中加上碳棒，做出干电池。到了现在，干

电池已经成为我们日常生活的重要供电装置，遥控器、手电筒、时钟、手机等都少不了它！

伏打和伽伐尼虽然不同意彼此的观点，但是他们始终保持相互的尊重和礼貌，那么这场论战到底谁赢了呢？其实在蛙腿的实验中，伏打看起来是获胜的一方，但伽伐尼的"生物电"也不能算错，因为某些生物（如电鳗）确实能够主动放电，而其他活着的动物体内也有神经传导电流，我们的大脑正是靠这样的机制，支配身体的活动呢！

锌片　　盐水布　　铜片

（图片来源：Kim Christensen/ Shutterstock）

伏打电堆原型

（图片来源：Tempio Voltiano /wiki）

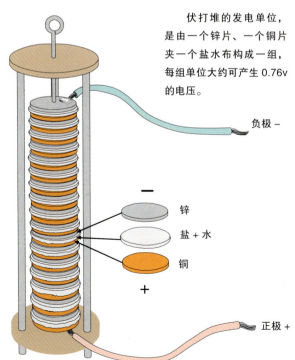

伏打堆的发电单位，是由一个锌片、一个铜片夹一个盐水布构成一组，每组单位大约可产生 0.76v 的电压。

负极 −

− 锌
盐 + 水
铜
+

正极 +

路易吉·伽伐尼（1737—1798年）

路易吉·伽伐尼是一名意大利医师，在学校担任解剖学讲师，刚开始伽伐尼的研究兴趣是比较解剖学，分析比较不同动物之间的构造异同。1770年后，开始有人利用电来治疗瘫痪，伽伐尼因此开始研究电与神经和肌肉之间的关系。1786年的某一天，解剖青蛙时意外发现当金属碰触到蛙腿的肌肉时，已经死去的青蛙的腿居然抽了，伽伐尼因而提出"生物电"的想法。1791年伽伐尼将多年的研究成果整理成册，出版了《论电对肌肉运动的影响》，在学术圈广受好评，同时开启了与伏打之间的激烈争论。伽伐尼直到逝世前，都还在专注研究动物电。

蛙腿大战最终结果

败 提出"生物电"，认为动物的肌肉本身会产生电。

伽伐尼的贡献

伽伐尼终其一生都深深相信着动物电的存在，虽然他的理论后来被证明并非正确，但若不是伽伐尼率先提出了想法，或许伏打就不会因此发明出伏打电池。在这场争论中，率先拿出具体证据的也是伽伐尼，他找到了许多电鳗，在公众面前证明电是鱼本身产生的，大大地打击了伏打的理论，但伏打也没有因此退缩，反而更认真地寻找证据。

亚历山德罗·伏打（1745—1827年）

亚历山德罗·伏打是一名意大利的物理学家，他提出了电容与电压、电荷之间的关系公式，后来被称为"伏打定律"，甚至我们现在的电压单位也命名为"伏打（也称为伏特）"，以纪念伏打的贡献。伏打在1793年公开提倡"金属电"的观点，反驳伽伐尼的"生物电"，引发激烈争论。伏打发明了伏打电池，为科学界开启了一道崭新的门，科学家对"静电"的研究逐渐转变为对"电流"的研究，电磁学也因此蓬勃发展。

蛙腿大战最终结果

胜 提出"金属电"的观点以反驳"生物电"，认为不同的金属接触会产生电。

伏打的其他贡献

1776到1778年间，他因为阅读了班杰明·富兰克林的一篇关于"可燃气体"的论文而开始研究气体，他在瑞士的马焦雷湖沼泽中搜集气体带回实验室研究，成功分离出"甲烷"气体。他还发现将甲烷放在罐子里之后，在罐子里制造电火花会引发爆炸。甲烷是现在重要的燃料，家中使用的天然气中就有甲烷。

关于 **电池** 的其他大小事

第一个可以充电的电池

1859 年，法国科学家加斯顿·普兰特用亚麻布隔开两片铅板，浸泡在装有硫酸溶液的玻璃瓶中，发明了第一个铅酸电池。如果这种电池没电了，只要补充硫酸，就可以重复使用，是第一个商业化的可充电电池。铅酸电池的制作方法相当简单，价格又低廉，但已逐渐被其他种类的电池所取代。

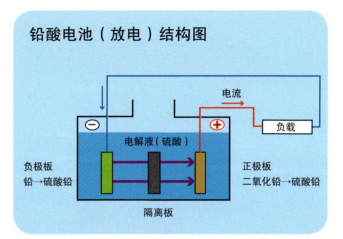

铅酸电池（放电）结构图

电流

负载

电解液（硫酸）

负极板
铅→硫酸铅

正极板
二氧化铅→硫酸铅

隔离板

今日的汽车电瓶就是使用铅酸电池。

万用的干电池

　　早期的电池都是湿电池，但是在生活中使用时很不方便，于是，科学家们继续改进，把液体改成糊状的黏稠物，做出了干电池。最常见的干电池是"碳锌电池"，以锌筒做负极，二氧化锰作正极，氯化铵为电解液，利用碳棒把产生的电流引导出来。由于将氯化铵做成糊状的液体，相较于使用稀硫酸当电解液的湿电池更"干"，所以被称为"干电池"，现在的遥控器、手电筒、时钟等都要靠它运作呢！不过，在碳锌电池里面，负极的锌会变锌离子，放完电之后不会变回锌，所以不能重复使用，使用过后必须回收，以免污染环境。

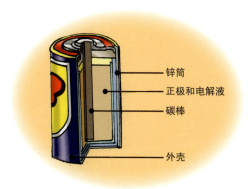

锌筒
正极和电解液
碳棒

外壳

轻巧好用的锂电池

　　现在的电动汽车和手机、计算器等移动装置所使用的电池是锂电池。锂电池的体积小、电量大，几乎已成为了全世界应用最广泛的电池。锂电池在放电过程中，带正电的锂离子，可以从钴酸锂中脱离，而充电时又可以还原回钴酸锂，使得锂电池可以在没电之后再充电使用。锂电池的价格仍然比较高，技术也还在快速地发展中。

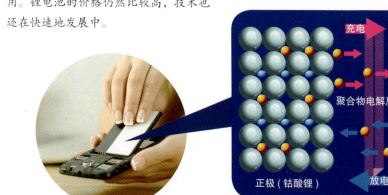

充电

聚合物电解质膜

放电

正极（钴酸锂）　　　　负极（石墨）

点亮世界的"电流大战"

托马斯·爱迪生 vs 尼古拉·特斯拉

　　在没有电灯以前，太阳下山后想看书只能依靠烛光或是油灯，不但光线微弱而且容易引起火灾，因此人们

托马斯·爱迪生　　　　　　尼古拉·特斯拉

电灯的发明与改良

　　托马斯·爱迪生是人们心目中的天才"发明大王"，他拥有两千多项发明、超过一千项专利，其中最重要的专利就是电灯和留声机。爱迪生除了很会发明之外，也很懂得销售自己的新产品，他让电灯走入民间，变成一般家庭也能使用的家用灯泡。

　　很多人都认为电灯是爱迪生的发明，其实早在 1801 年，英国化学家戴维就将铂丝通电发光。到了 1854 年，美国人亨利·戈培尔在真空玻璃瓶中使一根碳化的竹丝发

天才就是 1% 的灵感加上 99% 的努力！

光，这是历史上第一个有效的白炽灯泡，可惜他当时并没有申请专利。

后来，另外两位加拿大的电器工程师申请到灯泡专利，但却缺乏财力维持实验，而由爱迪生将灯泡专利买了下来。1878 年，爱迪生创办了一家照明公司，电灯推出之后，很快就成为热销商品。爱迪生网罗了许多有才华的发明家投入研究，提供实验的场所，让发明家们努力创造，很快就改良了灯泡的材料，使得灯泡亮度更持久、更耐用。

1884 年，年轻的发明家尼古拉·特斯拉也慕名而来，加入了爱迪生的公司，特斯拉的头脑聪明，进步很快，他设计了一些电气设备，替爱迪生解决了许多难题。

特斯拉的新创意

　　爱迪生的灯泡为夜晚带来光明，人们开始想要更多的照明，电力需求也随之增加，为了供应更多的电力，爱迪生开始在美国各地建立发电照明网，使用电缆线输出直流电给各地的用户使用。可是，直流电在运送的过程中会损耗大量的电力，能够输送的距离很有限，只好在许多地方都建造发电厂，才能够勉强应付大量的用电需求。

　　爱迪生为了解决电力运输的问题，找上了年轻又聪明的特斯拉，他希望特斯拉能改善直流发电系统的性能。

直流电的运送距离短，必须盖很多发电厂，才能提供大量的用电需求。

不行！我不会接受交流电！

特斯拉高兴极了，他充满了斗志，开始不眠不休地研究供电系统。过了不久，他向爱迪生提出建造另一种交流供电系统，利用高压电传输，可减少电能耗损，也能让电传得更远，这样就可以降低电价，让更多人使用。

只可惜，爱迪生听了一点都不高兴，因为要他放弃已经盖好的电厂，改建交流电厂，得再花更多钱，因此，爱迪生并没有采纳特斯拉的想法。他坚持己见，坚决要继续使用直流电。

交流电升高了电压，减少运送过程中的电能耗损，因此不需要盖太多发电厂。

可是……交流电便宜又好用啊！

电力大战！开打！

　　特斯拉伤心又绝望，他离开爱迪生的公司。他心想："我一定要让每个人都能享用便宜的交流电！"不久之后，特斯拉开始推广便宜的交流电，给爱迪生的直流电生意带来不小威胁。

　　其实，爱迪生也明白交流电的好处，但是，他早已盖了许多直流发电厂，为了不让自己的直流供电系统被淘汰，爱迪生到处宣传交流电不安全。他想让

人们认为交流电很危险，所以用交流电电击小狗、小猫，甚至把动物园里的大象也电死！

特斯拉不希望大家被爱迪生的说法所欺骗，他开始用交流电表演各种神奇的魔术，积极地让人们了解交流电很安全。但是，由于爱迪生的交流电实验太过吓人，让看过的人都忘不了交流电的恐怖。

迟来的光明

直到1893年的世界博览会，特斯拉终于走出困境。当时，美国芝加哥世界博览会为了筹办晚会，请各家电力公司提出供电的价格说明，爱迪生与特斯拉也各自提出报价。因为特斯拉的交流供电系统比直流供电系统整整便宜了15万美元，于是，主办方决定舍弃爱迪生的方案，改与特斯拉合作。

特斯拉发明的交流电力系统，一直沿用至今，带领人们迈向先进而文明的生活。

耶！我终于赢了！

有什么了不起！我也投资交流电了，公司还开得比你大！

在那个夜里，特斯拉利用他的交流供电系统，逐一点亮了会场的每一个角落，让在场的所有人见识到交流电的便利与光明，才让世界真正明白交流供电系统带来的好处。大家了解到交流电的好处，也不再对交流电抱持莫名的恐惧。

爱迪生最后只好接受了直流电应用的失败，开始转而开发交流电发电，成立了"通用电气公司"。

托马斯·爱迪生（1847—1931 年）

托马斯·爱迪生是一名美国科学家、发明家兼企业家，他有超过 1 千项专利，白炽灯泡直流电利系统、留声机、活动电影放映机是他最广为人知的发明。爱迪生小时候无法适应学校的教育，因此就学仅 3 个月，母亲就将爱迪生带回家自行教育，爱迪生曾说："母亲是我成功的因素。"1876 年到 1882 年，爱迪生在纽泽西州建立了门洛帕克实验室，他一生中大部分的重要发明，都是在这里研发出来的，而这间实验室在爱迪生逝世后被搬到麻省理工学院供人参观。1892 年，爱迪生创立了通用电气公司，这间公司今日已经发展成庞大的企业集团。

电流大战最终结果

败 发明直流电力系统，但最终没有成为远距离电力的传输方式。

爱迪生的其他贡献

第一个使爱迪生获得名望的发明是 1877 年的留声机，能够录制声音并播放出来，令全世界的人叹为观止，爱迪生因而被称为"门洛帕克的奇才"。留声机相当成功，后来在 1888 年，伯利那又发明了使用唱片的留声机。

尼古拉·特斯拉（1856—1943年）

特斯拉诞生于克罗地亚，1882年，特斯拉前往巴黎，在爱迪生旗下的公司工作，两年后转往美国的爱迪生总公司，后来因为薪资纠纷而辞职。1886年，特斯拉成立自己的公司，发展交流发电机，但因为投资商不认同交流发电机，不到1年特斯拉又失去了工作，但西屋公司的老板看中了特斯拉的发电机，因此高价买下特斯拉的专利，并聘请特斯拉担任西屋公司的顾问。特斯拉一生发明无数，但却因处处受到打压，晚年穷困潦倒，逝世后还留下了庞大的债务。

 ## 电流大战最终结果

胜 高压的交流电力系统成为普遍的远距离电力传输方式。

特斯拉的其他贡献

1894年，特斯拉所发明的"无线通信技术"测试成功，一度被喻为美国最伟大的电机工程师。1891年，特斯拉成功地以"无线"的方式传送电力到电器上，他后来甚至试图发展出长途的无线电力运输，因此于1901年建造了"沃登克里弗塔"，但不到一年就失去资金来源，后来这座塔为了偿还债务而被拆除了，实验室的器材也都被法院没收。

关于 电力 的其他大小事

家里用的电怎么来

　　我们平时在家里想要用电时，只要把电器的插头插到墙上的插座上，就有电了。不过，发电厂离我们家这么远，是怎么把电运送过来的呢？一般而言，电力系统由发电系统、输电系统、配电系统三个部分组成。发电厂发出来的电要输送几百公里甚至几千公里的距离，才到得了我们的家，输送过程中电能会逐渐损失，为了尽可能地保留电能，电在输送出来前会先转换成"高压电"，通过一座座的高压电塔，输送到各个地方，再进入配电系统，降低电压，并分配到各户人家中。

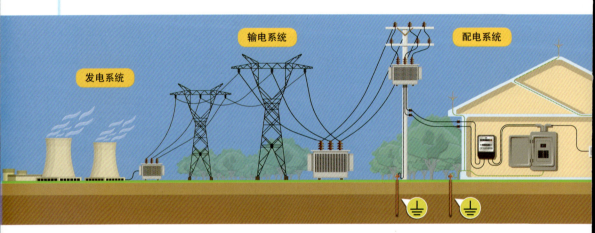

我们用的电是交流电还是直流电？

　　交流电比起直流电，能输送的距离更长，因此从发电厂发出的电，到我们家中插座的电，都是交流电，不过，其实大部分的电器都不能使用交流电，而是要用直流电！LED灯、手机、计算机、电视等电器用品，只能使用直流电，因此这些电器会加装一个"整流器"，先把交流电转换成直流电，再进入电器内部。

手机充电器会转换电压，将交流电转为直流电。

为什么插头有些是 2 脚，有些是 3 脚？

当我们将电器插头插入插座后，电流就可通过插头流到电线中的"火线"里，再流进电器中，带动电器运作，最后，电流再由电线中的"零线"流出，回到插座中。三脚插头多出来的那一根"脚"，会连接到插座后方的"地线"中，可引导外漏的电流流向大地，避免漏电时使人触电受伤。电器制造商会在计算机、微波炉和电热水壶等电器上，配备具有地线的三脚插头，确保这些耗电功率大、以金属为材质的电器使用起来更安全。

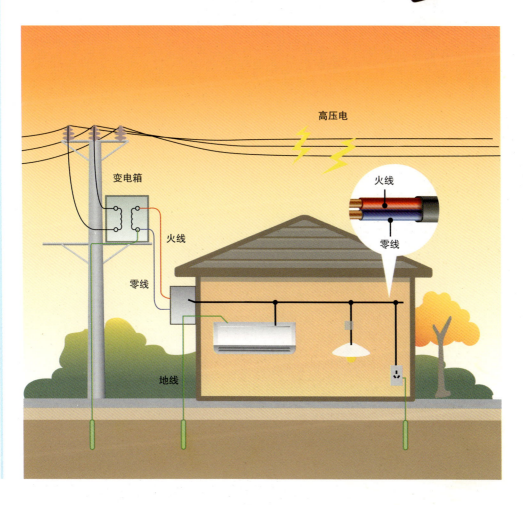

电话发明人的世纪之争

安东尼奥·梅乌奇 vs 亚历山大·贝尔

19世纪出现的电话是一项神奇的发明，人们只要拿起话筒，就能听到远方亲友的声音，不但沟通方便快速，还可以一解相思。长久以来，大家都认为电话的发明人是亚历山大·贝尔，然而在2002年，美国国会却做出决议，将电话发明人改判给安东尼奥·梅乌奇，让许多人大感意外。为什么过去人们会认为电话发明人是贝尔，却又在21世纪重新翻案呢？

安东尼奥·梅乌奇是一位意大利发明家，后来入籍美国。梅乌奇早在1855年就在家中设置了一套世界上最早的电话系统，不过，他却没有取得电话专利权。在几位发明家激烈地过招后，最后由贝尔取得电话专利，而他也以过人的商业头脑和企业家天赋，使电话走入一般民众的家庭里，成为人人可用的电子设备。

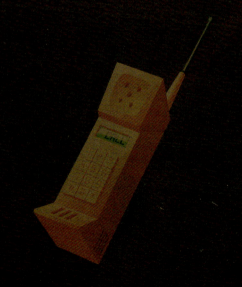

亚历山大·贝尔　　　　安东尼奥·梅乌奇

激烈的电话专利卡位战

18世纪以前还没有远距离通信，人们想传递讯息只能亲自走到对方家里，或派信差送信，由于长途信件往返需要很长的时间，古人在遇到紧急情况，例如敌军进犯或重大天灾的时候，就改用燃烧狼烟的方式来求救。

电话是一项划时代的重要发明，过去的教科书记载电话是亚历山大·贝尔发明的，而进入21世纪之后，却有许多人说安东尼奥·梅乌奇才是电话的发明人，这是怎么一回事呢？

1808年，梅乌奇出生于意大利佛罗伦萨，念书时学的是化学和机械，由于梅乌奇的妻子患有类风湿性关节炎，后来无法正常行走，为了从地下室联络到二楼的妻子，梅乌奇在美国的家中建置了一套"电话"系统，只不过，他因为付不起费用而一直没有申请专利。

1876年2月14日，贝尔和另一位科学家伊莱沙·格雷在同一天送出了电话专利申请案，时间只差两个小时，最后由贝尔赢得了电话专利权。当时除了梅乌

伊莱沙·格雷

奇和格雷，还有其他几位发明家也在研究电话，他们都对此判决感到很不服气，认为自己比贝尔更早发明电话。电话发明人究竟是谁，各位不妨看完整个故事后，再做出自己的判断吧！

千里传音的奥秘

在正式进入电话发明的故事前，我们先来看看电话的工作原理。你有没有想过，为什么通过电话，我们就能够听见从遥远地方传来朋友的声音呢？是不是太神奇了？

电话的运作原理和电报很像。电报是先将文字转换成长短不同的电子信号，利用电线传送到远方，再将电子信号译回文字；电话则是将声波转换成电波，通过电话线路传导到另一头，然后转回声波的形式，模拟我们真实的声音，让朋友听见。

这么说还是很玄，声音怎么能转换成电波呢？秘密就藏在话筒里。话筒里有个小小的碳粉盒，当我们对着话筒说话时，声音的振动会推动碳粉盒表面的

金属薄膜，使碳粉排列产生疏密变化，转换成不同振幅和频率的电波，通过电线送到朋友家里的电话机，此时电磁铁会因电流强弱产生变化，推动听筒里的薄膜，薄膜震动就能产生声波，传进朋友耳朵里。

在1836年摩斯发明电报文字编码系统之后，电报迅速普遍起来，头脑比较灵活的人就想到：既然文字可以转成电流信号，传送到远方去，或许声音也可以吧！于是1850年到1870年这段时间，很多人都在研究电话，也尝试使用不同的方法制造电话，这就是后来大家都在抢夺"电话发明人"头衔的原因。一百多年来，电话的运作方式虽然不断演进，但是利用声波转换成电波的传导原则却没有改变过。

电话将声音转换成电信号后，可以通过电线或无线电波传递出去。

最早的电话系统

　　安东尼奥·梅乌奇是第一个利用电线传递声音信号的人。不过一开始，他的兴趣并不是研究电话，而是电疗。1808 年出生于意大利的梅乌奇，26 岁时从意大利移居至古巴，不久后开始进行用电击治疗疾病的研究。1849 年的某天，他将一个金属片放在朋友口中，而在另一个房间启动仪器的时候，朋友的叫声竟然通过电线传了过来，这使他相当讶异，并将研究兴趣从电生理转移到远距离传话装置上。

　　来年，梅乌奇搬到美国纽约，当时他的实验室在地下室，而妻子的卧房则在二楼。梅乌奇的妻子因为生病而行动不便，于是他决定在自己家里设置一套传声

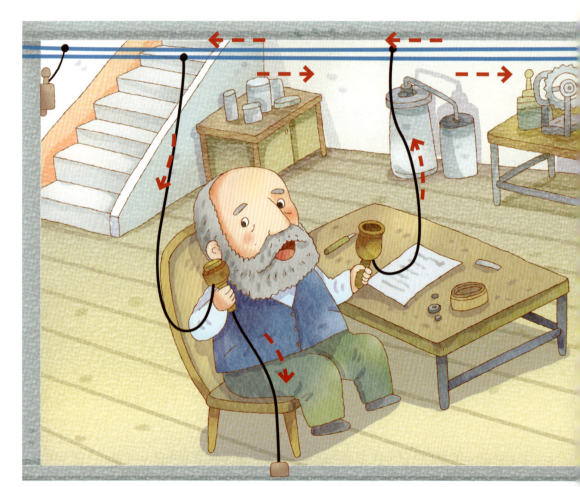

系统，让妻子拿起话筒就能和他联络。1855 年，他成功地在家中建立了全世界最早的电话系统，并于 1860 年将自己的发明公开在纽约的意大利文报纸上。两年后，曾经和他一同工作的德国发明家菲利普·莱斯做出可以传递微弱声音的机器，并将试验机型贩卖给几个国家的研究机构。

眼见自己的发明快要被其他人收割，梅乌奇急了。但是他的英语不好，没办法向社会大众广为宣传，加上投资蜡烛工厂失利，付不出申请专利需要的 250 美元，他在 1871 年到专利局申请"专利保留权"，请专利局暂时不要接受相似的申请，仅须负担每年 10 美元的费用。到了 1875 年，他连 10 美元都付不出来，失去保留专利的资格，来年由贝尔取得电话专利权。直到 2002 年，美国国会才做出判决，将电话发明人的头衔归还给梅乌奇。

贝尔成功推广电话

　　亚历山大·贝尔 1847 年出生于苏格兰爱丁堡，他的祖父和父亲都从事聋哑人士的教育事业。贝尔的母亲有听力障碍，因此贝尔从小就对"声音"抱有极大兴趣，希望能帮助那些无法像正常人一样说话的人。

　　贝尔有一台外观像笔的机器，可以感应、追踪并记录声波的振动。某天他看着这台机器的时候，忽然想到或许能借由电流模拟声波，再通过类似电报的方式传递出去，于是便和助理华生着手研究。1875 年夏天，贝尔和华生终于做出可以传送声音的电话，只是传声还不是很清晰。

　　1876 年，电话专利权竞争进入白热化阶段。先是爱迪生于 1 月 14 日申请电

　　1876 年 3 月 10 日，贝尔在实验室不小心弄倒了硫酸，急着拿起话筒："华生，请你过来一下。"没想到硫酸液解决了电话通信的关键问题，声音清楚地通过电话，传到另一间实验室的华生耳里。

早期打电话给亲友需要通过接线员操作，将电话转到相对应的地区线路。电信交换迈入数位化之后，只要输入国码、区码，就能将线路转到正确地区。

接线员

话专利保留但不成功，而贝尔与另一位科学家格雷则在2月14日同一天递出专利申请，时间只差两小时。由于两件申请案相似，审查官决定推迟90天再做出判决，在这段时间里，贝尔加入硫酸液解决了电信中断的问题，取得电话专利权。

包括梅乌奇、爱迪生、格雷在内，好几位科学家都认为自己的电话发明比贝尔更早，应该由自己取得电话专利，贝尔也因此官司缠身。然而贝尔持续改进电话的通信质量和传输距离，1877年成立贝尔电话公司，在接下来的10年内，美国拥有电话的人口超过15万，1895年因应庞大的长途电话需求，独立成立AT&T公司，长期垄断美国90%的电信业务。在1922年贝尔过世出殡那天，全美国和加拿大的电话同时停话一分钟，以纪念他推广电话的贡献。

安东尼奥·梅乌奇（1808—1889 年）

安东尼奥·梅乌奇是一名意大利发明家，原本是一名舞台技师，1834 年为了剧场设计的工作而前往古巴，后来他为了增加收入，开始研究电生理学，并研发了一种用电击治疗疾病的方法。1849 年的某一天，当他正准备为一位朋友进行治疗时，梅乌奇居然听见了另一间房间里发出的声音，因此梅乌奇转而开始研究电话。1850 年梅乌奇移居美国，一边工作一边研发电话。1860 年，梅乌奇公开展示了他发明的电话系统，1871 年才向专利局申请专利，但直到他离开人世，都没有取得专利权。2002 年，美国国会终于决议梅乌奇是电话的发明者。

梅乌奇的重大贡献

发明电话的第一人。

梅乌奇的其他发明

梅乌奇是一个勤奋的发明家，除了电话之外，他还发明了很多东西，也改进了许多生产方法，其中多项发明也都申请到了专利，例如他曾改进了煤油的处理、改进了灯芯的制造、改进了纸浆的制作方法等等。右图是他所发明的灯头。

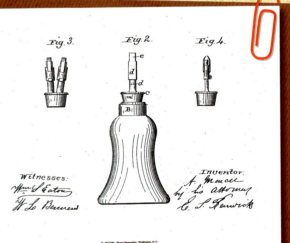

图片来源：美国国家专利局

亚历山大·贝尔（1847—1922年）

亚历山大·贝尔出生于苏格兰，1870年移民到加拿大，来年又搬到美国并入籍。16岁那年，贝尔和哥哥参观了一个可以模拟人声的机器人，因此自己开始研发其他模拟人声的机器人，后来转而研究"声波传递"，驱使他发明了电话，并于1876年取得美国专利，1877年在美国成立的贝尔电话公司，也就是今日AT&A公司的前身。美国国会2002年决议梅乌奇才是电话真正的发明人后，加拿大国会在同年又通过决议坚持贝尔才是电话的发明者。

 贝尔的重大贡献

发明电话并成功推广使用。

贝尔的其他发明

除了电话之外，贝尔还有几项知名的发明，例如他曾改良留声机，加拿大海军在第二次世界大战时与德国潜艇对抗时使用的"水翼船"也是贝尔所发明的。

关于 **电话** 的其他大小事

第一个可以移动的电话

　　手机发明后，人们互相联络已经不再受到固定式电话机的限制，不管身处何处，我们都可以随时与朋友、家人联络，手机已经成为现代人们生活中不可或缺的工具。手机又被称为"移动电话"，世界首次对无线通信的研究始于1903年，美国发明家内森·斯塔布菲尔德利用感应线圈，以磁感应方式接收以电磁波形式传送的声音信号，成为改变世界通信方式的第一人。不过，内森发明的移动电话通信距离很短，只有400米左右，而且通信方式比较像广播的单向传信，与今日手机双向传信的方式不同，因此虽然他申请了专利，却始终无法被普及使用。

内森·斯塔布菲尔德（公元1860—1928年）

手机诞生了

世界上第一台移动电话，是由美国贝尔实验室为军方设计的，1943年开始在二战中派上用场，但是要有人负责背着天线和电台，而且仅供军方使用，一般民众根本接触不到。第一部真正进入人们生活的手机，在1973年诞生，由美国摩托罗拉公司的马丁·库帕发明，它的外型如砖头大小，具有接听与拨打的功能。库帕的发明灵感来自于《迪克崔西》漫画中主角和警探所携带的"对讲机腕表"。库帕发明的这部手机改变了人们交流的方式，也使他赢得"手机之父"的称号。

背这个好重……

贝尔实验室替军方研发的移动电话，必须有一人背着天线及电台。

库帕发明的手机近1千克重，相较于现今的手机，体积仍然很大。

小手机里的大世界

从固定的电话发展到可以携带的手机之后，手机持续演变，到了今天，手机已经不只是电话，已经是一台迷你计算机了！现在的我们只要轻轻滑动手机屏幕，就能"串"起一个大大的世界。手机可以是闹钟、相机、音响，也可以是游戏机、影城、购物商城，还能是电子货币包、电子票卡，现在人们的生活几乎离不开手机，手机俨然已经改变了人们的生活方式。下一个十年，手机又会是什么样子呢？

DNA 解密

詹姆斯·沃森 & 弗朗西斯·克里克 VS 罗莎琳德·富兰克林 & 莫里斯·威尔金斯

当孟德尔在修道院中观察豌豆时，他认为豌豆体内有某种东西，负责控制豌豆的样貌，他将这些东西称为"遗传因子"，可以传给下一代。孟德尔所说的遗传因子，就是我们现在所说的"基因"。经过无数科学家的努力，数十年后，人们终于知道，基因是由一种叫做DNA 的物质所组成的。

DNA 非常小，连显微镜都看不清。刚开始，科学家因为不知道 DNA 的分子结构，难以对 DNA 进行更多的研究，包括 DNA 在细胞中如何运作、DNA 如何复制给下一代、DNA 如何发生突变等诸多问题。就在众多科学家焦头烂额之际，一道革命性的曙光出现了。英国科学家富兰克林，踏出了揭开 DNA 神秘面纱的最关键一步，但竞争对手纷纷出现，大家都想成为解开 DNA 构造之谜的第一人……

弗朗西斯·克里克　　　　　　　莫里斯·威尔金斯

詹姆斯·沃森　　罗莎琳德·富兰克林

DNA 的构造

　　为什么我们会长成现在的样子？在生命诞生的过程中，是否有一张蓝图决定了生物的样貌？这些问题的答案就藏在细胞内的"DNA"里！

　　DNA 是"脱氧核糖核酸"的简称，是生物遗传物质，不仅决定了我们的样貌，也主掌着各种生理功能的运作。DNA 的结构一直是个谜，直到公元 1953 年，才由詹姆斯·沃森与弗朗西斯·克里克等人揭开，他们发现：DNA 中的四种碱基，会两两成对，且 DNA 会交织成像螺旋梯一样的双股螺旋长链分子。DNA 结构

的发现，奠定了基因、医学与分子生物学的基础，堪称20世纪生物学最伟大的发现，也为沃森、克里克和威尔金斯三位科学家带来诺贝尔奖与数不尽的名声。但是，促成这项重大发现的关键点之一，其实是一张由女性科学家——罗莎琳德·富兰克林所拍下的 DNA 照片，这张照片为沃森和克里克带来灵感，不过，既然富兰克林的贡献如此卓越，为什么诺贝尔奖最后却落入别人家呢？

过去人们只知道 DNA 的组成分子，但是并不晓得它们如何排列。1951 年起，富兰克林尝试以 X 射线衍射技术为 DNA 拍照，才有机会解开 DNA 构造之谜。

四种碱基：

腺嘌呤（A）

鸟嘌呤（G）

胞嘧啶（C）

胸腺嘧啶（T）

碱基

核苷酸

DNA 的组成分子为四种核苷酸，不同核苷酸有不同的碱基，碱基中的腺嘌呤 (A) 会与胸腺嘧啶 (T) 配对，鸟嘌呤 (G) 则与胞嘧啶 (C) 配对，并形成双股螺旋结构。

富兰克林的启发

　　富兰克林是一位聪明绝顶的女性科学家，她熟知化学与晶体学，还擅长操作 X 射线技术来拍摄并研究各种分子。公元 1951 年，伦敦大学国王学院聘请富兰克林加入实验室，与莫里斯·威尔金斯一起研究 DNA 结构。不过，威尔金斯不太愿意让她参与研究，除了工作外，也几乎不与她往来。即使如此，富兰克林还是专注于研究，与实验室中的学生葛斯林，一同使用 X 射线，拍摄 DNA 分子照片，很快便得到两组清楚的照片，她从中计算出 DNA 的基本尺寸，并初步推断出 DNA 的结构。同年 11 月，富兰克林在国王学院进行了一场演说，发表研究的阶段性成果。没想到，这场演说却意外地改变了另外两个人的一生。

我一定要成为解开 DNA 结构之谜的第一人！

根据目前拍摄的照片，我们已计算出 DNA 的大小，它可能形似螺丝，呈现螺旋形！

富兰克林的演说为在台下听讲的沃森带来前所未有的启发，他立刻与克里克讨论 DNA 结构的可能性。刚开始，沃森和克里克就像无头苍蝇，天马行空地排列他们想象的 DNA 结构，即使经历一次又一次失败，他们仍继续反复地尝试各种可能。终于有一天，他们排列出一个三股螺旋的 DNA 模型。沃森与克里克开心极了！立刻邀请富兰克林、威尔金斯与葛斯林来看他们的解答。没想到富兰克林一看，便毫不客气地指出他们的错误，这个错误让他们的实验室老板对 DNA 结构研究失去了信心，因此终止了研究，沃森与克里克无法再继续 DNA 结构的研究。

改变世界的 DNA 照片

相较沃森等人的遭遇，富兰克林的研究进展可说是相当顺遂！她持续研究如何拍摄出更好的 DNA 照片，终于在 1952 年 5 月拍摄出改变世界的照片——"照片 51 号"。"照片 51 号"被认为是史上最美的一张 X 射线照片，它完美地呈现了 DNA 的对称性构造。但是，富兰克林却认为："从照片看起来，只能说 DNA 的构造具有对称性，但无法证明它是螺旋型构造。"富兰克林决定暂时不公开自己的发现，仅针对研究结果写了一份简短报告。没想到，克里克根据这份报告中的研究资料，持续与沃森交流想法，背着他们的老板，悄悄地进行 DNA 构造的研究。

"照片 51 号"被赞为"有史以来最美的一张 X 射线照片"，但是富兰克林并未将这个伟大的成果发表出来，因为当时她认为，既有的研究资料仍不足以支持 DNA 为双股螺旋型。

DNA 的结构是对称的。

葛斯林

1953 年 1 月，威尔金斯以为沃森和克里克早就不做 DNA 结构研究，趁着富兰克林不注意，偷偷地将"照片 51 号"带给两人过目。不只如此，威尔金斯还向他们巨细靡遗地阐述照片所显现出来的结果。沃森和克里克知道，DNA 的真相将要大白了！于是，他们成功说服老板，正式重新展开研究。这时，威尔金斯才发现大事不妙，他透漏的讯息，使这两人成为 DNA 结构研究的最大竞争对手！而不知情的富兰克林，这时候仍然维持一贯的本色——埋首研究。一直到了 1953 年 2 月 24 日，富兰克林才确认并宣布 DNA 的结构为双股螺旋，而沃森和克里克也随即在 28 日，宣布他们建立出 DNA 的双股螺旋模型。

来不及领取的诺贝尔奖

DNA 的双股螺旋模型，终于在沃森与克里克的巧手下诞生了！两人研究的关键素材取自富兰克林，而富兰克林却从来没有与沃森、克里克正式合作。因为威尔金斯透漏消息给沃森等人，关于 DNA 结构的零星证据才串接在一起。

1953 年，以沃森、克里克为首的 DNA 结构论文发表出来了，他们在论文中

丝毫没有感谢富兰克林，只简短提及自己的研究是受他人启发。就这样，富兰克林的研究成果拱手让人了，但是富兰克林却没有多说什么，后来默默离开实验室，改为研究病毒的结构。富兰克林凭着优秀的技术，同样在病毒领域获得丰硕的成果，但是，或许因为长期受到 X 射线影响，年仅 37 岁就因为卵巢癌而不幸辞世。

富兰克林的早逝，使她错过了 1962 年的诺贝尔奖，最终奖项颁给了沃森、克里克与威尔金斯三人。直到多年以后，人们向沃森问起富兰克林，沃森才坦言："富兰克林的贡献没有被充分肯定，她清楚地找出 DNA 的型态、密度、大小和对称性……因为她的贡献，才使克里克和我能有重大的发现。"

追本溯源，要不是富兰克林拍下改变世界的 DNA 照片，DNA 结构之谜或许没有那么快被破解。解开了 DNA 的结构之谜，生物科技因此更加蓬勃发展，这都要归功于发现 DNA 结构的四位智者，其中更要谨记曾被世人遗忘的伟大女性科学家——富兰克林。

1953 年 4 月 25 日，同一本学术期刊中，同时有 3 篇解开 DNA 结构之谜的论文发表，沃森与克里克的论文被置于最前面，威尔金斯、富兰克林分别发表的论文则排在后面，这让沃森与克里克的名气较大。而诺贝尔奖不颁发给已过世之人，富兰克林的早逝，让她错失了诺贝尔奖的殊荣。

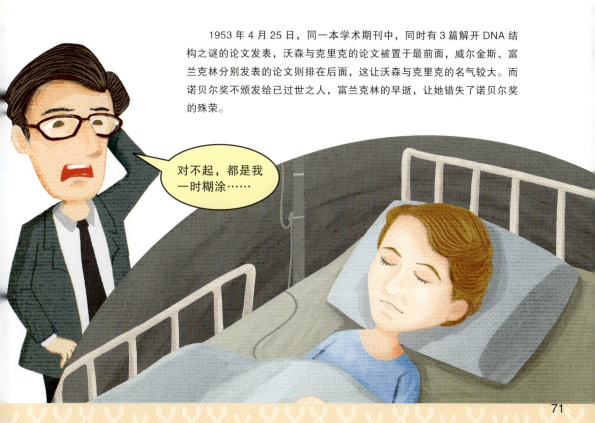

对不起，都是我一时糊涂……

詹姆斯·沃森（1928年一至今）

　　詹姆斯·沃森是一名美国分子生物学家。沃森自幼成绩优异，年仅15岁就进入大学，22岁获得生物博士学位。毕业这年，他在意大利听了威尔金斯与富兰克林有关DNA结构的演讲，大受启发，来年前往英国剑桥大学做研究，开始钻研DNA结构，在这里，他结识了克里克，并于1953年共同提出DNA结构模型。之后沃森回到美国任教，1968年开始担任冷泉港实验室的主任，将冷泉港实验室打造成美国著名的研究与教育中心。

DNA 大战结果

败 开始研究 DNA 的时间

败 X 射线衍射技术

胜 研究搭档合作良好度

败 解开 DNA 正确结构的时间

弗朗西斯·克里克（1916—2004年）

　　弗朗西斯·克里克是一名英国生物学家、物理学家兼神经科学家。当年仅23岁的沃森来到剑桥大学做研究员时，35岁的克里克仍是学生，正在剑桥大学攻读物理学博士学位，两人关系相当友好，经常相互讨论科学问题，他们于1953年共同提出DNA的结构。之后，克里克搬到美国，在大学任教，持续做研究。克里克的兴趣广泛，中年过后，他转而研究人类的大脑意识与神经科学，直到88岁因大肠癌逝世的前一天，都还在修改论文。

罗莎琳德·富兰克林（1920—1958年）

　　罗莎琳德·富兰克林是英国的物理化学家。在富兰克林的学生时期，英国女性想接受良好教育还非常困难，所幸她家境富裕，加上天资聪颖，得以进入少数教授科学的女子学校，最后获得剑桥大学的物理化学博士学位。她在法国担任研究员期间，学会了X射线衍射技术，回到英国后，接手DNA的研究，但与同事威尔金斯不和，因此在各自发表了DNA结构的论文后不久，富兰克林就离职了，转而研究病毒，也获得了丰富的成果。但她年仅37岁就因卵巢癌逝世。

DNA 大战结果

胜	开始研究 DNA 的时间
胜	X 射线衍射技术
败	研究搭档合作良好度
胜	解开 DNA 正确结构的时间

莫里斯·威尔金斯（1916—2004年）

　　莫里斯·威尔金斯是英国物理学家及分子生物学家。威尔金斯出生于新西兰，后来搬到英国，于剑桥大学取得物理学士学位，接着于伯明翰大学取得博士学位。第二次世界大战期间，威尔金斯改良了雷达，并参与研发原子弹。战后，威尔金斯加入了伦敦国王学院的生物物理研究团队，开始接触DNA研究，之后富兰克林也加入团队，两人合作解开DNA结构之谜。

图片来源：美国国家卫生研究院

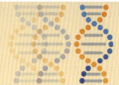

关于 DNA 的其他大小事

细胞中有多少 DNA？

　　DNA 就像是"人体组装说明书"，就是这套说明书，让我们在妈妈的肚子里，从胚胎发育成一个完整的个体，而身体的所有功能运作，也是依靠着 DNA。DNA 位于细胞核中，身体内的每一个细胞，都有着一组一模一样的 DNA。因为人体的结构以及功能十分复杂，所以需要非常多的 DNA 来控制。如果我们将单一细胞中所有的 DNA 排成一直线，大约会有 2 米长，上头总共有 1 万 9 千个基因，控制着各种不同的性状表现。

基因突变是什么？

　　我们常听到基因突变，到底基因突变是什么？基因突变是 DNA 发生了随机的变异，可能是某个碱基突然改变，例如腺嘌呤（A）变成鸟嘌呤（G），或者是少掉了一段 DNA。突变是驱使进化的原动力，突变后产生不同的性状，若是刚好可以适应环境，就能顺利产生后代，将这个突变性状保留下来，而突变也可能因此形成新的物种。不过，大部分的突变，都会让生物死亡，只有极少数的突变生物能存活下来。

突变的双头猫

*突变的花朵

动手修改 DNA

　　解开了 DNA 结构之谜后，基因工程快速地发展，现在，科学家已经可以轻松读出任何一个生物的 DNA 序列，甚至可以精准地修改 DNA，将某个生物的一小段 DNA 加入另一生物的 DNA 中，改变基因。现在科学家会通过基因改造，提高农作物抵抗病虫害的能力，或是生长得更快速，结出更多、更大的果实等。例如，苏力菌会产生能杀死昆虫的毒蛋白，科学家将苏力菌的毒蛋白基因放入植物体内，植物就可以自己制造毒蛋白，杀死害虫。

　　科技的力量，让人类可以为了某些目的改变生物的基因，但是人为介入是否会对整个自然界产生不可预期的影响，这还有待时间的验证。

改变玉米的基因，让玉米本身也可以产生对害虫有害的毒蛋白，具有抵御虫害的能力，提高产量。

数字时代的天才争霸战

史蒂夫·乔布斯 vs 比尔·盖茨

21世纪被称为"数字时代"，随着个人计算机普及，所有人都可以将信息转换成0与1的计算机语言，在互联网的世界里相互传递。

电脑业界里有两位天才用科技翻转世界、创造传奇，相互之间亦敌亦友的关系，更是大众好奇注目的焦点，他们就是史蒂夫·乔布斯与比尔·盖茨。乔布斯是美国苹果公司的联合创办人，一生致力于电脑软硬体开发；盖茨则是微软公司创始人，同时也是天才软件工程师。他们同年出生，长大后又同在电脑业界里竞争，同样称霸了电脑市场，一直以来，都是彼此最强大的对手。

不过，竞争对手一定就是敌人吗？有没有可能化敌为友呢？这个问题，我们可以从乔布斯与盖茨的故事中，找到答案。

史蒂夫·乔布斯　　　　　　比尔·盖茨

数字天才的少年时代

比尔·盖茨的爸爸是律师、母亲是教师，家中还有两个姊妹一起住在美国西雅图。盖茨的父母很重视他的教养，除了送他去学习各项才艺，也经常在谈话中刺激孩子的思考，盖茨从小就很有自己的想法，对自己喜欢的事情特别投入。盖茨还在中学读书时，就开始学习计算机语言，也认识了一群志同道合的小伙伴，包括后来的创业伙伴保罗·艾伦，他们不但将学校课表计算机化，还替一家信息公司编写程序。

史蒂夫·乔布斯和盖茨同样出生于1955年，他的养父母都是蓝领阶层，自己没有读过大学，却很舍得花钱在儿子的教育上。乔布斯高中毕业后，进入学费高昂的里德学院，却发现自己对主修科目毫无兴趣而辍学。1975年，年轻的乔布斯和朋友沃兹一起改良了当时的电脑，只用几颗芯片，再加装利于操作的键盘和屏幕，就组装出史上第一台小型的"个人电脑"。来年，他们在自家车库里成立了苹果公司，并在10年内就扩展为拥有4000名员工、年收入20亿美元的大公司。

1975年以前的电脑，光是机械体就占满了整间房间，很不方便操作。

苹果1号完成了！

布斯的
沃兹

年轻时的
乔布斯

盖茨崛起

虽然盖茨不像乔布斯早成名，却在求学时代就看见了电脑普及的可能性。他相信，电脑未来将会出现在每个办公室、每一个家庭的桌面上，走入每个人的生活。于是，他写出许多适用于个人电脑的软件，与好友艾伦共同创立了微软公司，盖茨希望将来有一天，自己开发的软件与操作系统，能在每一台电脑上运行。

盖茨开发的软件，很快受到国际商业机器公司重视，他们开发出与苹果公司不同的个人电脑，搭载盖茨的操作系统，很快打进了市场，为双方带来巨大的成功。

乔布斯马上推出了更棒的麦金塔电脑，来回应强敌的挑战！他开发出"图像

国际商业机器公司跟随苹果公司的脚步，在 1980 年进军个人电脑市场。他们研发的电脑与盖茨开发的软件搭配十分热销，成为苹果公司最大的竞争对手。

图片来源：Twin Design / Shutterstock

> 我的软件便宜又好用，让电脑更容易走入人们的生活！

> 我的电脑比较贵，能搭配的软件不多，但却有独创的图像操作，非常好用！

苹果公司在 1984 年又推出更好用的麦金塔电脑，将图像用户接口与鼠标，应用在个人计算机上，让用户能看着图标，用鼠标进行简单的操作；更将文字处理、绘图、图表制作等功能集成在一起，是史上首款成功商品化的个人电脑。

图片来源：PlusONE / Shutterstock

用户接口"，并为个人电脑加装鼠标，将电脑的使用方式从冷冰冰的程序语言，转化成用鼠标点击就能操作的简单接口。这项设计，让个人电脑变得更加便利，终于有了近代电脑的雏形，成为人人抢购的个人电脑。

乔布斯的危机

　　盖茨见到先进的麦金塔电脑，立刻对乔布斯深感佩服！他非常明白，图像用户接口使复杂的程式语言，变成了一般大众都容易上手的图像工具，一定能让个人电脑更加广泛地被使用！盖茨赶紧拿着新开发的文书处理软件去找乔布斯，希望将软件载在麦金塔电脑上，跟着一起推出。可是，乔布斯拒绝了盖茨的邀请，毕竟，他已拥有名声和财富，什么都不缺了。

　　乔布斯的成功，很快招来了忌妒。1985年，苹果公司在内部激烈的斗争之下，将乔布斯给开除了。就在乔布斯受挫的时候，被拒绝的盖茨再度与国际商业机器公司联手，使用图像用户接口技术推出了"视窗"操作系统。便宜好用的"视窗"系统推出之后，受到大众一致好评，瞬间让盖茨一飞冲天，登上了世界首富的宝座。

　　乔布斯见状非常生气："这个系统是我先推出的！你抄袭我！"盖茨也不甘示弱："图像用户接口技术最早是来自施乐公司，你无权说我抄袭，因为你也是抄施乐的点子！"这件事让两人吵得不可开交，乔布斯一状告上法院，控诉盖茨侵犯了苹果公司的著作权，要坚持告到底！

我的图像用户接口技术，没有抄袭苹果！

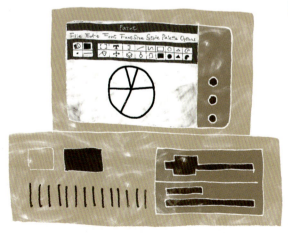

竞争对手变成合作朋友

　　盖茨与乔布斯的官司，一直持续到 1997 年，此时的苹果公司没有了乔布斯，再也无法推出吸引顾客购买的产品，无可奈何之下，又将乔布斯请回来担任执行长。回到苹果公司，乔布斯才发现当初他一手打造的公司，正面临严重的破产危机！这该怎么办才好呢？

　　没想到，身为苹果公司最大的敌人——盖茨居然在此时伸出了援手。他宣布，将投资 1.5 亿美元给苹果公司，解决苹果面临的困境！

谢谢你，盖茨！

苹果公司的畅销硬件

平板电脑
图片来源：mama_mia /
Shutterstock

智能手机
图片来源：Zeynep
Demir / Shutterstock

　　自此之后，乔布斯为苹果公司推出更多产品，由电脑跨越到手机和平板电脑，成为电子产品的先锋。

不客气。请继续推出更好的作品吧！

为什么要在苹果公司快要倒闭的时候，出手拯救它呢？原来，聪明的盖茨知道，每一台电脑都需要软件，只要乔布斯的苹果公司继续创造出好的硬件，盖茨就有机会将更多软件提供给更多人使用。乔布斯很感激盖茨及时援助，也决定撤销对微软的控诉，并开始与盖茨联手合作，做出更多便于人们使用的产品。多年以来，乔布斯与盖茨一起在科技产业里奋斗，早已不只是竞争对手，也是最熟悉彼此的好朋友。他们为对方留下了活路，让竞争关系由阻力化为助力，变成对彼此都有帮助的合作关系，不只为世人带来新科技，更留下了一段令人津津乐道的佳话。

微软公司的通用软件

各式软件

图片来源：tanuha2001 /
Shutterstock

办公软件

图片来源：Nor Gal /
Shutterstock

盖茨的操作系统与办公软件，经过长期以来不断改良、更新，果然在盖茨的预言下，成为每个人日常工作都会使用的最佳工具。

史蒂芬·乔布斯（1955—2011年）

　　史蒂芬·乔布斯是一名美国企业家。1970年，乔布斯与史蒂夫·沃兹尼克等人一同创立了苹果计算机公司，并推出了史上第一台成功普及的个人计算机。1985年乔布斯被逐出董事会，离开苹果公司并另外成立NeXT计算机公司。1996年苹果公司因为经营状况不佳而并购NeXT公司，邀请乔布斯回到苹果公司担任执行长，之后，乔布斯再度带领苹果公司开创了辉煌的时代，iPod、iPhone、iPad等划时代的商品一一问世，但乔布斯因患了胰腺神经内分泌肿瘤，56岁即辞世。

图片来源：Photo Oz / Shutterstock.com

 乔布斯的重要成就

- 成功开发出了第一台个人计算机。
- 成功推广个人计算机的使用。

史蒂芬的其他贡献

　　1986年乔布斯成立了皮克斯动画工作室，皮克斯创造了奇幻国度截至2020年，皮克斯一共发布了22部动画长片，例如《玩具总动员》《虫虫危机》《怪兽电力公司》等都是皮克斯著名的作品，几十年来为全世界的人们带来欢笑。

图片来源：Christian Bertrand / Shutterstock.com

比尔·盖茨（1955 年一至今）

比尔·盖茨是一名美国的著名企业家兼慈善家。盖茨在中学时认识了保罗·艾伦，两人皆对计算机科学有浓厚的兴趣，在大学三年级时，盖茨离开了哈佛大学，为事业投入全部的精力，并于1975年与艾伦共同创办了微软公司，研发并提供各种广泛的计算机软件服务。盖茨曾任微软公司的董事长、执行长和首席软件工程师，也是公司最大的个人股东。从1995年开始，盖茨在福布斯排行榜中蝉联世界首富长达13年。2008年，盖茨离开微软公司，专心经营慈善事业。

图片来源：Frederic Legrand – COMEO / Shutterstock.com

盖茨的重要成就

● 创立微软公司。

● 带动个人计算机的普及。

盖茨的其他贡献

图片来源：VDB Photos / Shutterstock.com

比尔·盖茨和梅琳达·盖茨夫妇资助了全球最大的慈善基金会，名为"比尔及梅琳达·盖茨基金会"，致力于改善全球落后地区的健康及教育问题。

关于 电脑 的其他大小事

电脑的诞生

电脑又称为"计算机"，顾名思义就是能帮助我们进行数学计算的机器，但现在的电脑不只可以进行数值运算，还能按照程序进行逻辑运算，并且有记忆储存的功能。现代人生活中不少事情的处理都离不开计算机，而我们现在人手一部的手机，其实也是一台迷你计算机呢！

约翰·冯·诺依曼可说是电脑的发明人，他在1945年与其他数个科学家共同发表了历史上著名的"101页报告"，为建立现代的计算器结构奠定了基础，直到今天都还是计算机设计的基本原则，内容包括使用"二进制"取代"十进制"。而世界上第一台能够反复编程的电脑，是美国陆军的弹道研究实验室在1946年公布的ENIAC。

约翰·冯·诺依曼 (1903—1957 年)

工作人员正在为 ENIAC 编程。

计算机越来越小了

我们现在往回头看，世界上第一台电脑实在是大得吓人，要好几个房间才放得下呢！这是因为早期的计算机内部的电子组件都是像灯泡一样大的"真空管"，第一台 ENIAC 电脑内部就装了 17468 个真空管呢！现在的电脑能做得这么小，主要归功于"晶体管"的发明。

晶体管是 1948 年由贝尔实验室发明出来的，直到今天都是计算机里的重要组件，只不过，现在的技术又把晶体管做得更小，能够把许多晶体管浓缩成一个小小的"集成电路"，俗称"IC"，甚至，后来又发展出了"微处理器"，把许多的集成电路浓缩在一个微小的芯片上，使电脑不只变得越来越小，运算能力更是高得惊人。

真空管

1965 年苏联的 URAL-2 计算机，是一种老式的真空管电脑。

图片来源：goodcat / Shutterstock.com

现代电脑使用体积小、效能高的集成电路，将许多电子组件如晶体管、电阻的体积缩小，浓缩安装在一个介质基片上。

晶体管

集成电路

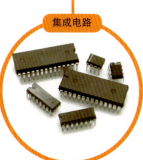

微处理器

大事年表

约公元前 240 年

阿基米德整理出浮力原理、杠杆原理等物理学原理。

1793 年

伏打提出"金属电"的观点以反驳"生物电"，认为不同的金属接触会产生电。

欧几里得整理了许多数学理论，写成了《几何原本》一书，让大家更容易了解几何学。

约公元前 300 年

伽伐尼发现当金属碰触到蛙腿的肌肉时，已经死去的青蛙的腿居然抽动了，因而提出"生物电"的想法。

1786 年

1975 年

盖茨与艾伦共同创办了微软公司，研发并提供各种广泛的计算机软件服务。

1973 年

美国摩托罗拉公司的马丁·库帕发明第一部供平常人使用的手机，它的外型如砖头大小，具有接听与拨打的功能。

乔布斯和朋友沃兹组装出史上第一台小型的"个人电脑"。

1975 年

沃森、克里克和威尔金斯三位科学家获得诺贝尔奖。

1962 年

1800 年

伏打在铜片上铺一片吸饱盐水的布，再叠上锌片，一层一层地套叠起来，这就是世界上第一颗电池——伏打堆。

1855 年

梅乌奇成功在家中建立了全世界最早的电话系统，并于1860 年将自己的发明公开在纽约的意大利文报纸上。

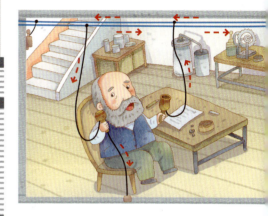

1876 年

贝尔加入硫酸液解决了电话通信的关键问题，赢得了电话专利权。

1878 年

爱迪生创办了一家照明公司，电灯推出之后，很快就成为热销商品。

1893 年

美国芝加哥世界博览会，利用特斯拉的交流供电系统，让在场的所有人见识到交流电的便利与光明。

1952 年

富兰克林拍摄出改变世界的"照片51 号"，完美地呈现了 DNA 的对称性构造。

沃森和克里克宣布他们建立出 DNA 的双股螺旋模型。

1953 年

图书在版编目（CIP）数据

科学家的顶尖对决 . 科技的发展 / 汪承娟编著 . —

成都 : 成都时代出版社 , 2021.1

ISBN 978-7-5464-2753-9

Ⅰ . ①科… Ⅱ . ①汪… Ⅲ . ①科学家－生平事迹－世

界－通俗读物 Ⅳ . ① K816.1-49

中国版本图书馆 CIP 数据核字（2021）第 006446 号

科学家的顶尖对决——科技的发展

KEXUEJIA DE DINGJIAN DUIJUE——KEJI DE FAZHAN

汪承娟　编著

出 品 人　李若锋
责任编辑　樊思岐
装帧设计　王雁蓉
责任印制　张　露

出版发行　成都时代出版社
电　　话　（028）86618667（编辑部）
　　　　　（028）86615250（发行部）
网　　址　WWW.chengdusd.com
印　　刷　北京文昌阁彩色印刷有限责任公司
规　　格　170mm×230mm
印　　张　5.75
字　　数　150 千
版　　次　2021 年 1 月第 1 版
印　　次　2021 年 1 月第 1 次印刷
书　　号　ISBN 978-7-5464-2753-9
定　　价　28.00 元